LA VÉRITÉ

TOUTE ENTIÈRE

SUR LA CRISE ACTUELLE.

LA VÉRITÉ

TOUTE ENTIÈRE

SUR LA CRISE ACTUELLE.

AVRIL 1839.

PARIS.

IMPRIMERIE DE A.-E. FAIN ET E. THUNOT,

RUE RACINE, N° 4.

LA VÉRITÉ

TOUTE ENTIÈRE

SUR LA CRISE ACTUELLE.

La vérité à chacun, aux gouvernants et aux Chambres, aux partis et à la nation ! à quoi bon ? Tant qu'ils sont puissants ils ne veulent pas l'entendre ; quand ils ont succombé il est trop tard, et successeurs ou restaurés l'oublient ou la dédaignent.

Et comment la publier ? où est le journal dévoué au pouvoir qui consente à insérer une critique contre un Ministre, quelque modérée, quelque convenante qu'elle soit ? Quel est le journal d'opposition qui l'accueillera, si elle est décente et modérée ? quel est le journal qui tolère la contradiction, même pour y répondre ? La publicité, telle qu'elle est organisée, est ouverte à deux battants pour l'imposture, pour la calomnie, pour le scandale ; la vérité seule y trouve à peine une étroite issue.

Comment donc faire lorsqu'on a quelque chose à dire que l'on croit sage et utile, au risque de perdre ses paroles? Le temps est au pamphlet: adoptons la forme du pamphlet. La probité, la bonne foi, la vérité ne se vendent pas. Distribuons-les gratis. Aux riches seuls le monopole de faire parler la raison; et vive la liberté de la presse telle que nous l'avons faite!

Ce n'est pas tout encore : qui dit la vérité est traité comme Cassandre. Si ce que je dis est juste et vrai, qu'importe mon nom? je le publierais d'ailleurs et hautement, s'il y avait dans cet écrit un seul mot qui pût être personnellement offensant pour qui que ce fût.

Maintenant discutons.

Pour sortir d'une fausse position, il faut d'abord reconnaître en quoi et pourquoi cette position est fausse; les circonstances qui nous y ont amenés, les fautes qui nous l'ont faite.

La situation de la France, au commencement de 1838, était satisfaisante, on ne le niera pas; les Oppositions l'avouaient elles-mêmes dans leur projet d'adresse. Sous l'influence de l'amnistie, d'un système intérieur dégagé de rigueurs inutiles, d'une paix profonde au dedans comme au dehors, l'agriculture et l'industrie, qui ne vivent que de calme et de sécurité, suivaient leur progression prospère. La Chambre élective offrait, à la vérité, quelques symptômes de fractionnement, résultat assez naturel de l'introduction de plus de cent Députés nouveaux, la plupart novices aux difficiles fonctions de législateur; mais sur toutes les questions graves, gouvernementales, elle présentait une sage et importante majorité.

Comment, dès la fin de cette même année, la dissidence est-elle devenue discorde, la polémique, fureur? comment la Chambre s'est-elle partagée en deux camps égaux, sans aucune majorité possible? quel événement a changé la face des choses et les dispositions des esprits?

L'évacuation d'Ancône? la situation de l'Espagne? les différends de la Belgique et de la Hollande? le fameux axiome de la sincérité du gouvernement représentatif? Nous examinerons bientôt ces diverses questions, et nous verrons qu'elles ne sont nullement les causes réelles de cette déplorable crise.

Encore une fois, qu'est-il donc arrivé?

Il est arrivé que des hommes qui regrettaient ou qui ambitionnaient le pouvoir, ont voulu enlever les Ministères d'assaut, et le Gouvernement leur a fait beau jeu en leur venant en aide par ses fautes.

Avant de prouver cette vérité par les faits, hâtons-nous de répondre à ceux qui déjà nous crient que nous calomnions les chefs parlementaires, en supposant qu'ils n'ont agi que par ambition. Nous ne calomnions personne; nous ne mettons en doute aucune conviction, et nous les respectons toutes, afin d'avoir le droit de demander que l'on respecte les nôtres, qu'on les croie ce qu'elles sont, fermes et sincères. Si quelques hommes ne parlent pas aujourd'hui comme naguère, leurs convictions ont sans doute changé. Cela posé, lorsqu'un homme a la conscience de son talent et la conviction profonde de la justesse de ses principes et de ses vues, il doit désirer de saisir le pouvoir, afin de faire prévaloir ses doctrines, de les mettre en pratique et d'en constater l'excellence par l'application et par les succès. Loin de le blâmer, nous le louons, au contraire, d'aspirer au Ministère dans ces nobles intentions. C'est dans ce but, sans doute, que les chefs de la Coalition voulaient saisir le pouvoir; mais ils voulaient s'en emparer; cela est tellement évident, qu'il y aurait de la naïveté à s'efforcer de le démontrer.

Revenons aux faits.

Lors de la formation du Ministère du 15 avril, on avait commis l'énorme faute de laisser en dehors tous les principaux orateurs de la Chambre élective. Blessés de se voir exclus, ils se rangèrent dès lors dans l'Opposition, entraînant avec eux, d'une part, les ambitieux à la suite, apôtres dévoués de chacun de ces messies; de l'autre ces hommes, qui, n'étant pas doués d'une assez grande sagacité, se choisissent un maître et ne jurent que suivant sa parole. La session de 1838 vit naître ces dissensions et s'ouvrir ces passes d'armes oratoires où, toutefois, on combattait encore à armes courtoises.

Mais, l'attente aigrissant les esprits impatients, l'été fut employé à faire les préparatifs d'une guerre plus sérieuse, à conclure une ligue contre l'ennemi commun, et, dès l'ouverture de la session dernière, la discorde éclata violente, outrageuse; les princes de la parole firent tonner contre le Gouvernement les foudres de leur éloquence.

A ce signal d'hostilités, tous les ennemis de nos institutions s'émurent et sentirent leur espoir renaître.

Le parti républicain, le parti légitimiste accoururent en aide aux assaillants : pour les premiers : une royauté à combattre; pour les seconds, Henri V apparaissant en perspective au travers d'un nuage d'anarchie; c'était assez.

La gauche dynastique vint se joindre à eux, dans l'espoir de réaliser son utopie de république monarchique, ou de monarchie républicaine.

Tous avaient intérêt à fomenter la discorde, à se jeter comme auxiliaires dans la guerre intestine qui éclatait entre leurs adversaires : tous entrèrent en ligne pour soutenir l'assaut.

Ainsi se forma la ligue offensive; ainsi de cinq minorités se composa une opposition collective, hétérogène, mais passionnée, violente et obstinée, jusqu'à l'accomplissement de l'œuvre de destruction, sauf à recommencer entre eux le combat le lendemain de la commune victoire. Ainsi la Chambre, qui doit donner à la nation l'exemple de la sagesse et du patriotisme, se divisa en deux camps égaux : d'un côté une majorité insuffisante, de l'autre cinq minorités inconciliables : point de concessions ni de conversions à espérer de part et d'autre dans cette lutte acharnée; point de majorité possible, le grand ressort du Gouvernement arrêté.

Dans cette situation anormale, vis-à-vis d'une Chambre réduite à l'impuissance, la constitution n'offrait plus qu'une seule ressource, l'appel à la nation.

La question fut nettement posée devant les colléges électoraux : la plupart des électeurs ne l'ont pas comprise.

Les mêmes calculs, les mêmes passions qui avaient égaré et galvanisé les diverses fractions de la Chambre, se reproduisirent parmi les électeurs et y formèrent la même ligue entre les partis. Brigues, promesses, menaces, manœuvres tant licites que honteuses, appels à toutes les mauvaises passions, tout fut prodigué, comme à l'ordinaire, seulement avec une recrudescence de violence et d'acharnement : et pourtant le résultat n'a pas été décisif.

Le centre et les deux nuances de l'Opposition qui s'en éloignent le moins ont fait quelques pertes, dont la gauche dynastique, l'extrême gauche et la droite légitimiste ont profité : mais ces mutations sont trop peu nombreuses pour changer la statistique de la Chambre, pour lui donner définitivement une physionomie nouvelle. Les divisions s'y reproduisent à peu près les mêmes : les passions politiques, un instant comprimées ou dissimulées, les ambitions trompées, les ressentiments aigris, la rancune de ceux qui, en définitive, se verront joués, réveilleront dans.quelques semaines la discorde plus vive encore. La dernière ressource est épuisée et la question n'est pas résolue.

La Chambre impuissante ne peut enfanter une majorité, créer ni soutenir aucun système : et pourtant ses convulsions agitent, inquiètent la France entière : le Roi s'est vu forcé d'ajourner le choix d'un Ministère jusqu'à ce qu'une majorité se formât. L'action du Gouvernement est suspendue ; le mouvement industriel et commercial est arrêté : tout est en souffrance dans l'État, sans que l'on puisse indiquer une cause réelle, sérieuse, saisissable, de cette perturbation.

Voilà en quoi notre position est fausse.

Quelles sont les causes qui nous y ont amenés ?

Les fautes du Gouvernement ;

Les passions, la mauvaise foi des partis ;

L'aveuglement de beaucoup de Députés, de beaucoup d'électeurs.

———

Les fautes du Gouvernement ! elles n'ont que trop favorisé les manœuvres de la ligue. Éloignés de toutes les intrigues, défenseurs des vrais principes et non de tels ou tels hommes, nous juge-

rons les Ministres, ainsi que leurs adversaires,
avec une égale équité, une égale indépendance.

Un première faute, ce fut de n'admettre dans
le cabinet du 15 avril aucun des principaux orateurs de la Chambre élective. La parole est un
pouvoir; c'est par elle que l'on éclaire ou que
l'on abuse le plus grand nombre. Elle est surtout
puissante dans une assemblée où sur dix per-
sonnes, il y en a peut-être neuf, probablement habiles comme savants, comme gens de loi, comme
militaires, comme négociants, comme agro-
nomes, mais qui n'ont pas assez d'instruction
spéciale et d'expérience législative pour bien ap-
précier toute la portée politique de leurs votes.
On peut être fort bon Ministre sans être orateur;
mais il n'y a plus de Ministère possible s'il ne
compte parmi ses membres quelques orateurs en
crédit.

Dans le Ministère du 15 avril il se trouvait des
hommes d'un vrai mérite, d'un talent éprouvé :
mais plusieurs de ses membres n'étaient point,
on l'avouoit, des hommes d'État, ni des admini-
strateurs habiles : dans certains départements, un
directeur, un chef de division ou de bureau,
était l'Égérie, l'âme inspiratrice du Ministre
ostensible : c'était le règne des bureaux, et les
affaires, livrées au commérage, marchaient mal,

quand elles marchaient. Tous leurs projets de loi, mal conçus, mal digérés, échouaient devant la Chambre.

Quant au personnel, la camaraderie, cette lèpre des administrations, surtout depuis 1830, plus que jamais envahissait tout, disposait de tout, au préjudice des services, du mérite, des droits acquis.

Parmi ces favoris, ces menins des cours ministérielles, il y en avait, il faut bien l'avouer, qui étaient déplacés à tous égards, surtout sous des Ministres honorables et d'une intégrité incontestée. Il y en avait même qui étaient tellement en butte à l'animadversion publique, qui avaient, à tort ou à raison, une si déplorable famosité, que leur déconsidération, devenue proverbiale, rejaillissait jusque sur les Ministres; et ces Ministres s'obstinaient à leur conserver le maniement des affaires, et, du moins ostensiblement, leur confiance! et ces hommes si notoirement impopulaires n'en étaient pas moins bien reçus, invités, préférés, et le Gouvernement leur prodiguait son patronage auprès des électeurs! A l'appui de ses continuelles accusations de corruption et d'immoralité, l'Opposition exploitait et signalait sans cesse ces hommes comme des preuves vivantes qui frappaient surtout les Députés nouveaux , aux oreilles desquels retentissait encore le concert de plaintes que le pillage des emplois et l'inertie de l'administration excitaient dans les provinces.

Ce fut une faute d'introduire à la fois dans le cabinet, où la Chambre ne trouvait aucun de ses chefs, un Ministre de l'intérieur favorisé très-justement, du reste, de l'intimité royale, digne récompense de l'honneur et de la loyauté; et un ministre de la guerre, aide-de-camp du Roi, et de plus appartenant à une arme spéciale. C'était une faute encore de présenter, de recommander comme candidats, dans vingt colléges, les aides-de-camp, les officiers d'ordonnance, les officiers de la maison du Roi et des Princes. Non que ces officiers, dont plusieurs comptent de longs et nobles services, ne pussent être de fort bons choix, et que l'auguste bienveillance dont ils sont honorés ne dût être au contraire un préjugé en leur faveur ; mais il était impolitique de fournir ainsi un spécieux prétexte et un aliment journalier aux clameurs des partis dans un pays où le moindre privilége excite une inquiète envie, et où l'on n'envisage qu'avec défiance et animadversion tout ce qui semble rappeler le souvenir des courtisans et des favoris.

Par les mêmes motifs on commettait des fautes

lorsque, fouillant dans les archives et les garde-robes de l'ancienne étiquette, on en exhumait de vieux titres sans valeur réelle, de vieilles charges sans fonctions utiles, de vieilles qualifications de pure vanité. On était maladroit lorsqu'à l'appel du nom d'un jeune prince, dans une fête de famille à laquelle la nation s'associait avec joie, on répondait : « Absent pour le service du Roi; » tandis que cette réponse si simple et si noble : « Présent sous les drapeaux, » aurait retenti dans le cœur de tous les Français. Toutes ces choses étaient des fautes, parce qu'elles donnaient une apparence de vérité aux déclamations de l'Opposition qui proclamait sans cesse : que la cour serait toujours la cour, qu'elle en ferait bientôt revivre tous les anciens abus, et qu'en définitive la Révolution de Juillet n'aurait changé que des noms.

Vers la fin de la session de 1838, les Ministres avaient formellement promis, devant un certain nombre de Députés, d'apporter des modifications au personnel du cabinet, de le renforcer (je cite les propres termes de ces entretiens); on compta sur leur parole, on prit patience : mais l'attente fut trompée, et ce désappointement jeta plusieurs Députés dans les rangs de la ligue. On a dit que les Ministres n'avaient pu réussir à s'adjoindre des hommes convenables : cela est toujours possible tant qu'il existe des ambitieux, et la matière ne manquait pas; il ne fallait que savoir s'y prendre.

Dans nos différends avec la Suisse, au lieu de donner par un débat solennel quelqu'importance à un jeune aventurier, qui n'a pour lui qu'un nom dont il est écrasé, n'eût-on pas mieux fait de ne le traiter qu'avec le froid dédain qu'il méritait, et de se borner à surveiller ses sourdes et misérables manœuvres avec un peu plus de soin qu'on ne l'avait fait avant sa ridicule équipée de Strasbourg?

L'offense que le Mexique avait faite à la France a été vengée par un brillant fait d'armes qui a imposé silence à l'envie. Mais devait-on laisser traîner cette affaire en longueur par des démonstrations insuffisantes, et dix mois s'écouler entre le refus de réparation et le juste châtiment d'un insolent ennemi? Pour que la France soit respectée comme elle doit l'être, il faut que sa juste vengeance soit aussi prompte que sévère.

En général, n'a-t-on pas trop oublié que le Français prend pour l'esprit national, qu'il n'a pas, l'orgueil national qu'il porte à l'excès, et que rien ne déconsidère plus à ses yeux son Gou-

vernement que de montrer à cet égard trop peu de susceptibilité ?

Voilà les principales fautes du Gouvernement; voilà son contingent dans la formation de la ligue.

———

Comptons maintenant avec les partis. Nous n'avons point épargné aux Ministres les critiques méritées ; nous ne respecterons pas davantage les erreurs de leurs adversaires.

Examinons les griefs que formulait le fameux projet d'adresse; voyons s'ils pouvaient être l'objet d'une accusation sérieuse.

Dabord, et au sujet de la politique extérieure en général, voici en peu de mots toutes les argumentations des oppositions liguées. — Il existait des traités, mais nous vous blâmons de les avoir exécutés. — Vous les auriez donc méconnus ou violés ? — Non. — En cas d'insistance de la part des puissances contractantes, vous auriez fait la guerre ? — Non. — Qu'auriez-vous donc fait ? — Nous aurions temporisé, négocié. — Ainsi toutes les puissances se tiendraient pour averties que la France, lorsqu'elle souscrit librement un traité, se réserve de se raviser plus tard, d'en éluder l'exécution, de négocier de nouveau ! et elles conserveraient quelque confiance dans un Gouvernement qui agirait ainsi ! et elles se soumettraient complaisamment à ce système ! Avez-vous toléré, vous, que l'on temporisât, que l'on négociât de nouveau pour l'exécution du traité qui donnait Anvers à la Belgique? Vous avez pris les armes, et, en présence de la Prusse et de l'Allemagne vous avez été conquérir Anvers.

Le Gouvernement a pensé qu'une nation, quelque puissante et forte qu'elle fût, devait être fidèle à l'honneur et à la foi jurée : il a évacué Ancône le jour où le traité de 1832 l'y obligeait. Qui aurait voulu risquer la guerre pour soutenir un manque de foi qui n'avait même plus d'utilité réelle pour la France ?

Le traité souscrit par les Belges en 1831 attribuait à la Belgique la place d'Anvers et à la Hollande les deux cantons de Luxembourg et de Limbourg. Ils invoquèrent ce traité en 1833 pour revendiquer Anvers : ils voulaient le renier aujourd'hui afin de conserver le Luxembourg et le Limbourg. Pour soutenir ces injustes prétentions d'un allié, fallait-il compromettre notre alliance avec l'Angleterre et nous engager nous-mêmes dans une guerre européenne ?

L'Espagne se consume en vains efforts, comme toute nation qui ne sait pas asseoir une

révolution sur des bases solides. Le brigandage
décoré du nom de guerre civile, dix factions
ébranlant chaque jour un gouvernement débile ;
l'anarchie seule organisée, la misère partout ;
voilà sa situation trop réelle. Mais, quelque déplorable qu'elle soit, devons-nous aller officieuse-
ment nous jeter au milieu de cette bagarre, pour
imposer à cette nation en dissolution une consti
tution dont la moitié des Espagnols ne voudra
pas ; pour servir d'instrument au triomphe, non
de Christine sur Carlos, mais d'une faction sur
toutes les autres ; pour être ensuite responsables
des excès de ceux que nous aurons fait triompher
et soulever enfin contre nous tous les partis? Noble
résultat de nos sacrifices, digne prix du sang de
nos braves! En 1823, l'armée française intervint
en Espagne ; elle devait du moins y appuyer le
parti de la modération ; elle n'y servit que le
despotisme, et bientôt cependant les bandes de
la Foi assassinaient nos soldats. L'Espagne n'a
pas remboursé une piastre des quatre-vingts mil-
lions qu'elle devait payer pour les frais de cette
intervention. Aussi, lorsqu'en 1838 une coopéra-
tion fut proposée, on se rappelle par quelle im-
posante majorité la dernière Chambre elle-même
a repoussé cette troisième croisade.

Toutes ces questions sont des questions de

bonne foi autant que de raisonnement. Que chacun descende dans sa conscience, et se demande
avec franchise s'il aurait voulu, pour de pareils
motifs, engager une guerre dont on ne saurait
prévoir les suites, arrêter les progrès et même les
mouvements de l'agriculture, de l'industrie, du
commerce, et imposer à la France les contribu-
tions et les conscriptions extraordinaires que la
guerre rend indispensables, et qui ne doivent être
consenties que lorsque l'indépendance et les inté-
rêts de notre patrie sont menacés.

Aussi n'était-ce point là les véritables motifs
de l'attaque combinée de toutes les Oppositions ;
il y a presque de la bonhomie à les discuter
sérieusement. Rendons plus de justice aux chefs ;
eux-mêmes, une fois parvenus au pouvoir, n'au-
raient pas, sur ces diverses questions, agi autre-
ment que leurs prédécesseurs.

Quel était donc l'intérêt, le mobile des divers
partis dans cette monstrueuse alliance au sein des
colléges électoraux, comme de la Chambre ?

Le parti républicain veut abolir la monarchie.
Il croit que si la Royauté de Juillet était annulée,
réduite à l'impuissance, il parviendrait à ériger
sur ses ruines sa république américaine ou autre,
car le choix n'est pas encore bien arrêté. Il se joint
avec ardeur aux assaillants dans un combat qui ne

peut, quel que soit le vainqueur, tourner qu'à l'affaiblissement, sinon à l'anéantissement de la monarchie et de la Royauté de Juillet.

Le parti légitimiste veut la royauté, mais avec une autre dynastie. C'est le seul qui, dans ce chaos, ait fait preuve non pas certes de patriotisme et de loyauté, mais de sagacité et de ruse. Trop faible pour espérer la victoire, les légitimistes ont dit : De l'excès du mal peut renaître le bien ; l'anarchie ramènerait une troisième restauration : quand le Gouvernement de Juillet sera entièrement paralysé, on tombera dans l'anarchie, alors les classes moyennes elles-mêmes, tous ceux qui ont quelque chose à perdre n'hésiteront pas entre la république et Henri V : poussons à la désorganisation, à l'anarchie. Et ces hommes, essentiellement religieux, moraux, aristocratiques, ont blâmé l'évacuation des États du pape ; ont voté pour l'intervention en Espagne contre le parti carliste, et en Belgique contre la Hollande ; et ils se sont enfin présentés aux élections, ils ont *prêté* le serment, et ils ont voté en faveur des candidats les plus fougueux de l'ultra-démocratie ! Ils ne peuvent nier ces faits, leurs journaux mêmes en font foi.

Le parti que l'on qualifie de gauche dynastique a cru le moment propice pour réaliser ses utopies ultra-démocratiques. Les disciples de ce parti, en dépit du nom qu'on lui donne, sympathiseraient plutôt avec les républicains fédéralistes qu'avec les partisans de la monarchie constitutionnelle. Mais les chefs, plus éclairés ou plus sages, n'ont qu'un pas à faire pour rentrer dans le vrai, et le feraient bientôt s'ils touchaient au pouvoir. Les disciples ont combattu le Gouvernement comme adversaires, les chefs comme rivaux.

Quant aux deux autres sections de la ligue, le centre gauche, ou tiers-parti, et le centre droit, pour lequel le nom de doctrinaires semblerait désormais une ironie, quel était donc leur but réel? Saisir le pouvoir, dans des intentions très-louables sans doute, nous l'avons déjà déclaré, mais enfin et uniquement saisir le pouvoir et l'exercer avec toute la latitude possible.

Examinons, en effet, ce dernier grief, ce palladium du gouvernement représentatif, pour la défense duquel les cinq Oppositions, même les ennemis de ce gouvernement, même les conseillers de Charles X se sont levés en masse.

Voici leur accusation capitale : le Roi ne doit point gouverner; cependant c'est le Roi qui gouverne; les Ministres ne sont que les agents passifs de ses volontés; dès lors ils ne couvrent pas le

Roi, comme la constitution le veut : il faut des Ministres qui gouvernent seuls, libres de toute influence supérieure, pour qu'ils soient réellement responsables, pour qu'ils couvrent réellement la royauté.

Les Ministres ne sont que les éditeurs des œuvres du Roi! D'abord, qui vous l'a dit? eux le nient formellement; ils soutiennent que tous leurs actes sont bien à eux : comment leur prouverez-vous le contraire? Ils couvrent ainsi le Roi, et c'est vous qui le découvrez par vos suppositions au moins hasardées. Mais quand même il serait vrai, ce que rien ne manifeste, que les Ministres reçussent du Roi des inspirations et des conseils; en les adoptant, en les contresignant, ils en ont fait leurs propres actes; ils s'en portent hautement et exclusivement responsables. Qui vous empêche de blâmer ces actes et la politique de ces Ministres? de rejeter leurs projets de lois, leurs comptes, leurs budgets; de les forcer à la retraite, de les mettre même en accusation? Voilà ce qu'a voulu la constitution en déclarant la personne du Roi inviolable, principe qui est la sauve-garde du repos de l'État, et ses Ministres responsables, principe qui est la sauve-garde de nos institutions et de nos libertés. Voilà comment et pourquoi cette vérité de convention : « le Roi

» ne peut mal faire. » Voilà la véritable sincérité du gouvernement représentatif. Mais un roi statue, impuissant et inutile fétiche, n'ayant rien à voir ni à faire dans l'état, pas même de choisir ses ministres, car voilà la Chambre qui prétend les désigner elle-même; un roi qui ne recevrait aucune connaissance des affaires que par les journaux, et en présence duquel un de *ses* ministres pourrait vendre ou trahir la France sans qu'il s'en doutât, lui, plus intéressé que personne au salut de la France de Juillet; un roi, véritable et onéreuse superfétation qu'il faudrait se hâter d'abolir : c'est ce que la Charte de 1830 n'a ni voulu ni pu vouloir (1). En traçant les formes du *gouvernement du Roi*, elle n'a point voulu abolir de fait la monarchie pour lui substituer une espèce de directoire exécutif, petite royauté collective et transitoire de 6 à 18 mois. C'est une

---

(1) Si le Roi ne gouverne pas, pourquoi donc, en acceptant la Charte revisée, a-t-il prêté, le 9 août 1830, le serment conçu en ces termes : « de ne *gouverner* que » par les lois et selon les lois? » Les deux Chambres étaient présentes : leurs présidents et secrétaires, entre autres MM. Casimir Périer, J. Lafitte, Dupin aîné, signèrent ce procès-verbal; MM. Dupont de l'Eure et Guizot le contresignèrent comme ministres. Personne ne fit la moindre objection, ne demanda la moindre explication.

rouerie oligarchique enfantée par l'orgueil et l'ambition de quelques nouveaux Syeyès, et qui n'aurait qu'une bien courte durée, quand même on parviendrait à la réaliser. Car vous aurez beau inventer des théories, formuler des axiomes, l'intelligence n'en sera pas moins toujours souveraine. Si le ministre a plus de talent et d'habileté que le roi, c'est le ministre qui gouvernera, quoi que dise la constitution; mais, si le contraire arrive, la direction émanera du roi, quoi que vous puissiez faire. Qu'un Napoléon monte sur notre trône constitutionnel, et essayez de lui imposer ces maximes !

Il est certains axiomes constitutionnels qui sont de véritables articles de foi, et qu'il faut se garder de compromettre dans une polémique imprudente. Pourquoi ? parce que ce sont des vérités sans doute, mais des vérités de convention qui ne sont pas susceptibles d'une démonstration mathématique, d'une définition rigoureuse. Ainsi, par exemple, du principe fondamental de la souveraineté du peuple. Si l'on veut analyser ces axiomes, en déduire avec une logique inflexible les dernières conséquences, on arrive à des maximes intolérables aux plus dangereuses aberrations. Que reste-t-il de ces discussions abstraites dans l'esprit du plus grand nombre, de cette foule d'hommes qui attendent chaque jour de la tribune ou d'un journal une opinion toute faite? Un sentiment confus d'inquiétude et de soupçon, la crainte vague d'un danger mystérieux que l'on ne peut ni conjurer ni éviter, car on le proclame partout sans le signaler nulle part. La désaffection, la déconsidération, sont déversées sur ce que, dans l'intérêt de la patrie et de la liberté elle-même, nous devons toujours respecter ; enfin les commentaires altérant de plus en plus le texte, les idées les plus fausses sur la constitution et sur les pouvoirs qu'elle institue se répandent dans le public et égarent l'opinion. Monarchie, fédération, république, il n'est pas de constitution qui puisse subsister, si, dans son application, les pouvoirs de l'État s'affranchissent de tout sentiment de patriotisme, de toute sagesse, de toute retenue.

Rentrons dans le positif des affaires. Les hommes politiques divisés en deux grandes catégories, telles que les whigs et les tories ; les uns, composant le ministère et son parti, exercent le pouvoir le mieux qu'ils peuvent : les autres, formant l'opposition, surveillent ce ministère, critiquent ses actes, signalent ses fautes et s'efforcent de lui ravir le pouvoir pour l'exercer à leur tour selon leurs idées et leur système ; cela est tout simple et très-licite : le gouvernement représentatif n'est pas autre chose, et c'est une conception profonde, en ce qu'elle utilise au profit de la société les passions individuelles les plus actives, l'orgueil, l'ambition, l'envie.

Ce dont tous les gens sages blâment les chefs de la ligue, ce n'est donc pas d'ambitionner le pouvoir, de chercher à remplacer des ministres, dont plusieurs étaient en effet bien peu capables : c'est d'employer, pour y parvenir, des moyens que réprouvent le patriotisme, l'honneur, la morale : c'est de fausser la Charte par des interprétations judaïques ; c'est de battre en brèche, non pas seulement les ministères, mais le pouvoir lui-même ; c'est de s'associer ouvertement, systématiquement aux ennemis déclarés de la constitution, de rechercher leur appui, et de leur donner le leur dans les élections comme à la Chambre ; c'est de jouer à ce dangereux brelan non-seulement nos institutions et notre monarchie de 1830, mais même les principes fondamentaux de toute société.

Aussi la Chambre et les colléges électoraux ont-ils offert le spectacle d'un scandale inconnu jusqu'alors : des divorces déplorables ; des accouplements plus déplorables encore ; confusion de doctrines comme de votes ; anarchie morale : le

légitimiste serrant la main du républicain ; le vo-
lontaire de Juillet complotant avec le chouan et
avec l'émeutier de juin et d'avril ; chacun d'eux
foulant aux pieds toute foi, toute conscience politique, et, au milieu de ces saturnales législa-
tives et électorales, les plus beaux talents avilis,
usés, démonétisés !

Enfin, voici les conséquences de toutes ces
aberrations, de cette honteuse comédie qui vient
d'être jouée devant nous. La Charte est remise en
question, du moins quant à l'autorité royale ; un
des trois pouvoirs de l'Etat, le pouvoir modéra-
teur est annulé, la Chambre élective, sortant de
sa sphère, tend à devenir pouvoir absorbant, do-
minant. Un funeste exemple est donné ; on a
montré qu'au moyen d'un complot parlemen-
taire, en abjurant, pour quelques semaines,
tout principe et toute pudeur, en prenant pour
alliés les mécontents, même les factieux de toutes
les couleurs, on pouvait forcer la main au gouvernement, faire la loi à la majorité elle-même,
et escamoter le pouvoir. Cette tactique sera d'autant plus facilement imitée, que les électeurs se
montreront plus indulgents pour ces changements
de masque. Comme les fauteurs de désordre ne
manqueront jamais et se prêteront toujours avec
empressement à ces préludes de révolution, nous

pourrons avoir à subir les tentatives plus ou moins heureuses, peut-être même les triomphes successifs de tous les ambitieux ou visionnaires qui sauront en imposer au public par des phrases vides et sonores. Au milieu de ces fréquents virements de bord, ni stabilité dans nos relations extérieures, ni repos, ni sécurité au dedans, partant nul espoir d'amélioration, de progrès, de prospérité. Voilà ce que nous voyons avec douleur, nous, simples citoyens, sans ambition, adversaires des doctrines dangereuses et non ennemis des hommes; nous que l'envie n'aveugle pas, et qui serions prêts à accueillir ces mêmes hommes lorsqu'ils reviendraient aux saines doctrines sociales.

Comment sortirons-nous enfin de cette position si fausse et si périlleuse ? Notre dernière ressource dans les circonstances critiques, l'appel au pays, a été épuisée sans résultat. La sagesse du Roi, non moins que son serment, nous garantit contre toute atteinte à notre Charte dont il est le premier gardien. Il n'y a donc que deux dénouements possibles.

Si cet état d'irritation, d'effervescence, de secousses réitérées, de fièvre intermittente se prolongeait indéfiniment, l'inquiétude générale, la stagnation des affaires et les crises de commerce deviendraient intolérables. La majorité de la nation, qui est étrangère à ces intrigues, à ces luttes de quelques ambitions, les propriétaires, les industriels, tout ce qui a quelque chose à perdre se fatiguerait enfin de cette perpétuelle mobilité : impatients de paix et de sécurité, ils commenceraient par douter et désespéreraient bientôt du système représentatif; par lassitude et par crainte ils finiraient par se réfugier sous un pouvoir fortement institué; la liberté succomberait; l'espoir des légitimistes pourrait être rempli; la révolution de Juillet se perdrait, comme tous les gouvernements qui tombent, par l'exagération de son principe.

Une autre solution serait possible s'il se formait enfin une majorité quelconque, mais forte, amie de l'ordre, professant hautement pour évangile la Charte et le trône de Juillet, et rompant ouvertement et sans retour avec les républicains et les légitimistes. Cet accord ne peut résulter que du bon sens et de la fermeté des députés et des électeurs. Il faudrait pour cela que les députés sentissent enfin la nécessité de secouer le joug auquel un trop grand nombre d'entre eux s'est soumis pour traîner le char triomphal de quelques orgueilleux rhéteurs ou de quelques orateurs ambitieux, et qu'ils eussent le courage de rentrer en possession de leurs votes, indépendamment de la consigne de tel

ou tel chef d'opinion. Il faudrait que les électeurs comprissent enfin qu'ils ne sont trop souvent que les instruments et le jouet d'ambitieux
subalternes qui les exploitent dans leur intérêt
personnel ; il faudrait qu'ils sentissent toute
l'importance de leur suffrage, ou que du moins
ils eussent assez de discernement pour accorder
leur confiance à qui la mérite, aux hommes de
travail, d'ordre et de probité, plutôt qu'au décla-
mateur qui crie le plus haut.

Les députés et les électeurs peuvent choisir
entre ces deux résultats.

Voilà la vérité toute entière, sans ménage-
ments comme sans passion. Sera-t-elle entendue?
éclairera-t-elle les esprits abusés? Nous n'osons
l'espérer. Il est des époques fatales d'aveuglement
et de vertige où les nations, comme les dynas-
ties, s'obstinent à se suicider. Du moins la vérité
aura été dite une fois encore. Ensuite si la
monarchie constitutionnelle éprouve de graves
atteintes, si la nation voit sa liberté compromise,
l'une et l'autre, si souvent averties, ne pourront,
comme Charles X, imputer leur chute qu'à leurs
propres fautes et aux courtisans qui les perdent
en les flattant.

FIN

9 782014 058673